中国铁建股份有限公司企业标准

中低速磁浮交通接触轨系统技术标准

Technical Specification for Conductor Rail System of Medium and Low Speed Maglev Transit

Q/CRCC 33805—2019

主编单位：中铁第四勘察设计院集团有限公司
　　　　　中铁第五勘察设计院集团有限公司
批准单位：中国铁建股份有限公司
施行日期：2020 年 5 月 1 日

人民交通出版社股份有限公司

2019·北京

图书在版编目（CIP）数据

中低速磁浮交通接触轨系统技术标准／中铁第四勘察设计院集团有限公司，中铁第五勘察设计院集团有限公司主编. — 北京：人民交通出版社股份有限公司，2019.12

ISBN 978-7-114-16111-7

Ⅰ.①中… Ⅱ.①中…②中… Ⅲ.①磁浮铁路—钢轨—接头—技术标准 Ⅳ.①U237-65

中国版本图书馆CIP数据核字（2019）第280023号

标准类型：	中国铁建股份有限公司企业标准
标准名称：	中低速磁浮交通接触轨系统技术标准
标准编号：	Q/CRCC 33805—2019
主编单位：	中铁第四勘察设计院集团有限公司
	中铁第五勘察设计院集团有限公司
责任编辑：	曲　乐　刘彩云
责任校对：	张　贺
责任印制：	张　凯
出版发行：	人民交通出版社股份有限公司
地　　址：	（100011）北京市朝阳区安定门外外馆斜街3号
网　　址：	http：//www.ccpress.com.cn
销售电话：	（010）59757973
总 经 销：	人民交通出版社股份有限公司发行部
经　　销：	各地新华书店
印　　刷：	北京印匠彩色印刷有限公司
开　　本：	880×1230　1/16
印　　张：	3.25
字　　数：	68千
版　　次：	2019年12月　第1版
印　　次：	2019年12月　第1次印刷
书　　号：	ISBN 978-7-114-16111-7
定　　价：	25.00元

（有印刷、装订质量问题的图书，由本公司负责调换）

序　一

  2016年5月6日，由中国铁建独家承建的我国首条中低速磁浮商业运营线——长沙磁浮快线开通试运营。长沙磁浮快线是世界上最长的中低速磁浮线，是我国磁浮技术工程化、产业化的重大自主创新项目，荣获我国土木工程领域工程建设项目科技创新的最高荣誉——中国土木工程詹天佑奖。长沙磁浮快线是中国铁建独创性采用"投融资＋设计施工总承包＋采购＋研发＋制造＋联调联试＋运营维护＋后续综合开发"模式的建设项目，其建成标志着我国在中低速磁浮工程化应用领域走在了世界前列，也标志着中国铁建成为中低速磁浮交通的领跑者和代言人。

  我国已进入全面建成小康社会的决定性阶段，正处于城镇化深入发展的关键时期，亟待解决经济发展、城市交通、能源资源和生态环境等问题，而中低速磁浮交通具有振动噪声小、爬坡能力强、转弯半径小等优势，业已成为市内中低运量轨道交通、市郊线路和机场线、旅游专线等的有力竞争者。以中低速磁浮交通为代表的新型轨道交通是中国铁建战略规划"7＋1"产业构成中新兴产业、新兴业务重点布局新兴领域之一，也是中国铁建产业转型升级、打造"品质铁建"、实现高质量发展的切入点之一。2018年4月，中国铁建开展了中低速磁浮标准体系建设工作，该体系由15项技术标准组成，包括1项基础标准、9项通用标准和5项专用标准，涵盖勘察、测量、设计、施工、验收、运营和维护全过程、全领域；系列标准立足总结经验、标准先行、补齐短板、填补空白，立足系统完备、科学规范、国内一流、国际领先，立足推进磁浮交通技术升级、交通产业发展升级和人民生活品质提升。中低速磁浮系列标准的出版，必将为中国铁建新型轨道交通发展提供科技支撑力并提升中国铁建核心竞争力。

  希望系统内各单位以中低速磁浮系列标准出版为契机，进一步提升新兴领域开拓战略高度，强化新兴业务专有技术培育，加快新兴产业标准体系建设，以为政府和业主提供综合集成服务方案为抓手，以"旅游规划、基础配套、产业开发、交通工程勘察设计、投融资、建设、运营"一体化为指导，全面推动磁浮、单轨、智轨等新型轨道交通发展，为打造"品质铁建"做出新的更大贡献！

董事长：　　　　　　　　　总裁：

中国铁建股份有限公司

2019年12月

序 二

建设更安全可靠、更节能环保、更快捷舒适的轨道交通运输系统，一直都是人类追求的理想和目标。为此，我国自 20 世纪 80 年代以来积极倡导、投入开展中低速常导磁浮列车技术的研究。通过对国外先进技术的引进、消化、吸收以及自主创新，利用高校、科研院所及设计院等企业的协调合作，我国逐步研发了各种常导磁浮试验模型车，建设了多条厂内磁浮列车试验线，实现了载人运行试验，标志着我国在中低速常导磁浮列车领域的研究已跨入世界先进国家的行列，并从基础性技术研究迈向磁浮产业化。

国内首条中低速磁浮商业运营线——长沙磁浮快线于 2014 年 5 月开建，开启了国内中低速磁浮交通系统从试验研究到工程化、产业化的首次尝试，实现了国内自主设计、自主制造、自主施工、自主管理的中低速磁浮商业运营线零的突破。建成通车时，我倍感欣慰，不仅是因为我的团队参与了建设，做出了贡献，更因为中低速磁浮交通走进了大众的生活，让市民感受到了磁浮的魅力，让国人的磁浮梦扬帆起航。

在我国磁浮技术快速发展的基础上，中国工程院持续支持了中低速磁浮、高速磁浮、超高速磁浮发展与战略研究三个重点咨询课题。三个课题详细总结了我国磁浮交通的发展现状、发展背景，给出了我国磁浮交通的发展优势、发展路径、发展战略等建议。同时，四年前，在我国已掌握了中低速磁浮交通的核心技术、特殊技术、试验验证技术和系统集成技术，并且具备了磁浮列车系统集成、轨道制造、牵引与供电系统装备制造、通信信号系统装备制造和工程建设的能力的大背景下，我联合多名中国科学院院士、中国工程院院士、大学教授署名了一份《关于加快中低速磁浮交通推广应用的建议》，希望中低速磁浮交通上升为国家战略新兴产业。

两年前，国内首条旅游专线——清远磁浮旅游专线获批开建，再次推动了中低速磁浮交通的产业化发展，拓展了其在旅游交通领域的应用。

现在，我欣慰地看到，第一批中国铁建中低速磁浮工程建设企业标准已完成编制，内容涵盖了工程勘察、设计、施工、验收建设全过程以及试运营、运营、检修维护全领域，结构合理、内容完整，体现了中低速磁浮交通标准体系的系统性和完整性，体现更严、更深、更细的企业技术标准要求。一系列标准的发布，凝聚了众多磁浮人的智慧结晶，对推动我国中低速磁浮交通事业的发展、实现"交通强国"具有重要的意义。

磁浮交通一直在路上、在奔跑，具有绿色环保、安全性高、舒适性好、爬坡能力强、转弯半径小、建设成本低、运营维护成本低等优点，拥有完全自主知识产权的中低速磁浮交通也是未来绿色轨道交通的重要形式。磁浮人应以国际化为目标，以产业化为支撑，以市场化为指导，以工程化为载体，实现我国磁浮技术的发展和应用。

  作为磁浮交通科研工作者中的一员，我始终坚信磁浮交通有着广阔的发展前景，也必将成为我国轨道交通事业的"国家新名片"。

中国工程院院士：

2019 年 11 月

中国铁建股份有限公司文件

中国铁建科技〔2019〕165号

关于发布《中低速磁浮交通术语标准》等 15 项中国铁建企业技术标准的通知

各区域总部，所属各单位：

现批准发布《中低速磁浮交通术语标准》（Q/CRCC 31801—2019）、《中低速磁浮交通岩土工程勘察规范》（Q/CRCC 32801—2019）、《中低速磁浮交通工程测量规范》（Q/CRCC 32802—2019）、《中低速磁浮交通设计规范》（Q/CRCC 32803—2019）、《中低速磁浮交通信号系统技术规范》（Q/CRCC 33802—2019）、《中低速磁浮交通供电系统技术规范》（Q/CRCC 33803—2019）、《中低速磁浮交通接触轨系统技术标准》（Q/CRCC 33805—2019）、《中低速磁浮交通车辆基地设计规范》（Q/CRCC 33806—2019）、《中低速磁浮交通土建工程施工技术规范》（Q/CRCC 32804—2019）、《中低速磁浮交通机电工程施工技术规范》（Q/CRCC 32805—2019）、《中低速磁浮交通工程施工质量验收标准》（Q/CRCC 32806—2019）、《中低速磁浮交通试运营基本条件》（Q/CRCC 32807—2019）、《中低速磁浮交通车辆检修规程》（Q/CRCC 33804—2019）、《中低速磁浮交通运营管理规范》（Q/CRCC 32809—2019）和《中低速磁浮交通维护规范》（Q/CRCC 32808—2019），自 2020 年 5 月 1 日起实施。

15 项标准由人民交通出版社股份有限公司出版发行。

中国铁建股份有限公司
2019 年 11 月 18 日

中国铁建股份有限公司办公厅　　　　　　　　　2019 年 11 月 18 日印发

前 言

本标准是根据中国铁建股份有限公司《关于下达中国铁建中低速磁浮工程建设标准编制计划的通知》（中国铁建科设〔2018〕53号）的要求，由中铁第四勘察设计院集团有限公司和中铁第五勘察设计院集团有限公司会同有关单位编制完成。

本标准编制过程中，编制组进行了深入调查研究，认真总结实践经验，广泛征求国内从事中低速磁浮交通方面有关单位及专家意见，并参考国内外有关标准，经反复讨论、修改，由中国铁建股份有限公司科技创新部审查定稿。

本标准共分6章和1个附录，主要技术内容包括：1 总则；2 术语；3 设计；4 施工；5 施工质量验收；6 维修；附录A 单位工程、分部工程、分项工程、检验批划分和检验项目。

本标准由中国铁建股份有限公司科技创新部负责管理，由中铁第四勘察设计院集团有限公司、中铁第五勘察设计院集团有限公司负责具体技术内容的解释。标准执行过程中如有意见或者建议，请寄送至中铁第四勘察设计院集团有限公司（地址：湖北省武汉市武昌区和平大道745号，邮编：430063；Email：94068711@qq.com），或者寄送至中铁第五勘察设计院集团有限公司（地址：北京市大兴区黄村镇康庄路9号，邮编：102600；Email：Engineer_ liucz@163.com），以供今后修订时参考。

主编单位：中铁第四勘察设计院集团有限公司
中铁第五勘察设计院集团有限公司
参编单位：中铁建电气化局集团有限公司
中铁第一勘察设计院集团有限公司
主要起草人员：黄冬亮 刘长志 田升平 余鹏成 徐鸿燕
吴江涛 龚孟荣 单翀皞 徐斌杰 刘明杰
王刘辉 王 璐 张晓玉 董春斌 廖军华

主要审查人员：唐晓岚 田广辉 张 刚 王财华 李庆民
罗 涛 韩凌青 陈善乐 王振文 万齐刚
何 海

目　次

1 总则 ·· 1
2 术语 ·· 2
3 设计 ·· 4
　3.1 一般规定 ·· 4
　3.2 气象条件 ·· 5
　3.3 防雷、绝缘、接地 ·· 6
　3.4 接触轨及附件 ··· 6
　3.5 平面布置 ·· 7
　3.6 支撑结构 ·· 8
　3.7 材料及防腐 ·· 10
4 施工 ·· 12
　4.1 一般规定 ·· 12
　4.2 绝缘支撑安装 ··· 12
　4.3 接触轨及附件安装 ·· 13
　4.4 电连接安装 ·· 15
　4.5 设备安装 ·· 15
　4.6 电缆敷设 ·· 16
　4.7 冷滑、热滑试验及送电开通 ·· 17
5 施工质量验收 ·· 20
　5.1 一般规定 ·· 20
　5.2 绝缘支撑装置 ··· 20
　5.3 接触轨及附件 ··· 21
　5.4 电连接 ··· 23
　5.5 设备 ·· 23
　5.6 电缆 ·· 25
　5.7 冷滑、热滑试验及送电开通 ·· 25
6 维修 ·· 27
　6.1 一般规定 ·· 27
　6.2 日常维护 ·· 27
　6.3 检修 ·· 28
　6.4 大修 ·· 32

附录 A 单位工程、分部工程、分项工程、检验批划分和检验项目 ………………… 33
本标准用词说明 ……………………………………………………………………… 34
引用标准名录 ………………………………………………………………………… 35
涉及专利和专有技术名录 …………………………………………………………… 36

Contents

1 **General Provisions** ··· 1
2 **Terms** ·· 2
3 **Design** ··· 4
   3.1 General Requirements ·· 4
   3.2 Meteorological Conditions ·· 5
   3.3 Lightning Protection, Insulating, Earthing ································· 6
   3.4 Conductor Rail and Accessories ··· 6
   3.5 Layout Plan ··· 7
   3.6 Supporting Structure ··· 8
   3.7 Materials and Anticorrosion ··· 10
4 **Construction** ··· 12
   4.1 General Requirements ·· 12
   4.2 Insulation Support Device Installation ······································ 12
   4.3 Conductor Rail and Accessories Installation ····························· 13
   4.4 The Electrical Connection Installation ······································ 15
   4.5 Equipment Installation ··· 15
   4.6 Cable Laying ·· 16
   4.7 Non-energized Inspection Running、Energized Inspection Running and Power Transmission ·· 17
5 **Construction Quality Acceptance** ··· 20
   5.1 General Requirements ·· 20
   5.2 Insulation Support Device ·· 20
   5.3 Conductor Rail and Accessories ·· 21
   5.4 Electrical Connection ·· 23
   5.5 Equipment ·· 23
   5.6 Cable ·· 25
   5.7 Non-energized Inspection Running、Energized Inspection Running and Power Transmission ·· 25
6 **Maintenance** ·· 27
   6.1 General Requirements ·· 27
   6.2 Runtime Maintenance ·· 27

6.3	Inspection	28
6.4	Corrective Maintenance	32

Appendix A Unit Project, Part Project, Item Project, Inspection Lot Partition and Inspection ································ 33

Explanation of Wording in This Code ································ 34

List of Quoted Standard ································ 35

List of Patents and Proprietary Technology ································ 36

1 总则

1.0.1 为统一中低速磁浮交通接触轨系统的技术要求，做到安全适用、技术先进、质量优良、经济合理和维护方便，制定本技术标准。

1.0.2 本标准适用于列车运行速度不大于120km/h、供电电压为DC1500V的中低速磁浮交通接触轨系统的设计、施工、施工质量验收和维修。

条文说明

供电电压等级根据国内长沙磁浮工程和北京S1线供电电压及技术经济等方面因素，推荐采用DC1500V等级，也可根据车辆选型确定。

1.0.3 接触轨系统应根据当地气象条件考虑相应的防腐、防雷、防冰、防风等措施。

1.0.4 接触轨系统的设计、施工、施工质量验收和维修除应符合本标准外，尚应符合国家现行有关标准和中国铁建现行有关技术标准的规定。

2 术语

2.0.1 侧部受流接触轨系统　side conductor rail system

通过受电靴向磁浮列车提供牵引直流电源和进行回流的导电轨和供电连接，一般安装在承轨梁侧面的接触轨，简称接触轨系统。

2.0.2 接触轨　conductor rail

敷设在承轨梁两侧，通过受电靴向中低速磁浮列车供给电能的导电轨。

2.0.3 钢铝复合导电轨　aluminum-steel conductor rail

钢材和铝材通过某种机械或物理方式结合而成的接触轨。

2.0.4 绝缘支撑　insulation support device

将接触轨固定于承轨梁一侧的特定位置，对接触轨进行支撑、定位和绝缘，能够承载系统中所有可能出现的静载和动载的装置。

2.0.5 中间接头　bolted joint

用于接触轨的轨与轨之间连接并传导电能的部件。

2.0.6 膨胀接头　expansion joint

设置于两组中心锚结之间，用于补偿接触轨因自身温度变化而引起伸缩的装置。

2.0.7 端部弯头　conductor rail ramp

为保证列车的受电靴平滑搭接或离开接触轨，在接触轨的端部设置具有适量纵向坡度的接触轨。

2.0.8 中心锚结　conductor rail anchor

一般设在接触轨锚段中部，防止两端膨胀接头向一侧滑动和缩小事故范围的装置。

2.0.9 分段绝缘器　section insulator

用于接触轨机械上联通、电气上分段并将整个供电系统分成多个供电分区的装置。

2.0.10 电连接板　cable terminals board
用于将电缆和接触轨进行连接的导电装置。

2.0.11 跨距　span length
接触轨相邻两个绝缘支撑的间距。

2.0.12 锚段　tensioning section
接触轨机械上独立的线段。

2.0.13 锚段长度　tension length
连续敷设的接触轨相邻两个中心锚结之间的距离。

2.0.14 动态接触力　dynamic contact force
受电靴在运动中对接触轨产生的压力。

2.0.15 静态接触力　static contact force
受电靴在静止时对接触轨产生的压力。

3 设计

3.1 一般规定

3.1.1 接触轨系统允许的行车速度不应小于线路的最高行车速度。

3.1.2 接触轨系统的电压等级宜采用DC1500V，电压的允许波动范围应符合表3.1.2的规定。

表 3.1.2 接触轨系统直流电压值（单位：V）

标 称 值	最 高 值	最 低 值
1500	1800	1000

3.1.3 接触轨受流方式应与车辆相匹配，宜采用侧部受流的方式。

条文说明

目前国内中低速磁浮工程均采用侧部接触受流方式，机车受电靴通过侧向接触取流。目前侧部接触受流方式主要用于四轨系统中，考虑车辆结构及接触轨的安装，采用侧部受流方式，对限界、车辆结构、安装空间等的布设较为合理。

3.1.4 接触轨系统应由正极接触轨和负极接触轨组成。正极接触轨和负极接触轨分别通过上网和回流电缆与牵引变电所相连。

3.1.5 正负极接触轨的主要技术参数、规格型号、安装方式等技术条件应一致。

3.1.6 接触轨钢带表面硬度应大于受电靴碳滑板硬度；接触轨安装除与受电靴接触部分，其他零部件安装应满足车辆限界要求；接触轨安装定位应以F轨位置为基准。

3.1.7 接触轨选型应符合以下要求：

1 材料及截面的选择应满足供电计算确定的远期高峰小时牵引所故障运行模式下的载流量、最低网压要求，额定载流量不宜小于3000A。

2 轨面宽度应结合受电靴宽度确定，受电靴应确保在运动过程中处于有效接触面上。

3 靴轨受流匹配应根据接触轨惯性矩、弹性模量、刚度、靴轨静态接触压力等进行计算或仿真。靴轨动态接触力性能指标宜符合表 3.1.7 的规定。

表 3.1.7 靴轨动态接触压力性能指标（单位：N）

最大接触压力 F_{max}	500
最小接触压力 F_{min}	>0

条文说明

接触轨选择 3000A 截面的另外一个因素为：根据接触轨/受电靴动态仿真研究及长沙磁浮工程接触轨/受电靴运行验证，接触轨宜增加刚度和机械强度，以提高受流质量。

长沙磁浮工程靴轨动态仿真试验中最大动态接触压力在 300N 左右；长沙磁浮工程现场实际靴轨动态接触压力检测数据一般最大为 450N 左右，局部突变压力大于 500N。结合以上两项数据，本次标准制定建议靴轨动态接触压力不大于 500N。随着技术的发展及研究的深入，靴轨动态接触压力宜根据更多工程实践经验进行修订。

3.2 气象条件

3.2.1 接触轨设计的气象条件，根据最近记录年限不应少于 20 年的城市气象资料计算，并应结合既有城市轨道交通线路或电气化铁路的运行经验确定。

条文说明

参照现行行业标准《铁路电力牵引供电设计规范》（TB 10009）的有关规定，采用最近记录年限不少于 20 年的沿线气象资料，可提高气象资料的广泛性和准确度。

3.2.2 接触轨结构设计的基本风压，应采用空旷地区、离地面 10m 高处的 10min 自动记录 50 年发生一次的平均最大值，并应符合现行国家标准《建筑结构荷载规范》（GB 50009）的有关规定。

3.2.3 接触轨设计的各项气温应符合国家现行标准《地铁设计规范》（GB 50157）、《铁路电力牵引供电设计规范》（TB 10009）及《铁路电力牵引供电隧道内接触网设计规范》（TB 10075）的有关规定。

条文说明

接触轨设计的各项气温主要指最高气温和最低气温。

3.3 防雷、绝缘、接地

3.3.1 接触轨进行大气过电压保护时应采取下列措施：
1 隧道口处正负极接触轨设直流氧化锌避雷器。
2 露天区段正负极接触轨上网点处设直流氧化锌避雷器。
3 避雷器的工频接地电阻不应大于10Ω。

3.3.2 避雷器宜具备报警及故障上传功能。

3.3.3 接触轨带电部分和混凝土结构体、轨旁设备、车体之间的最小净距，应符合表3.3.3的规定。

表3.3.3 接触轨带电部分和混凝土结构体、轨旁设备、车体之间的最小净距

标称电压（V）	静态（mm）	动态（mm）
1500	150	100

3.3.4 整体绝缘支架或绝缘子的爬电距离不应小于250mm。

条文说明

本条文中规定了整体绝缘支架或绝缘子的最小爬电距离，在实际工程设计中，为提高系统安全可靠性，在安装条件允许的情况下，应尽量加大绝缘部件的爬电距离。

3.4 接触轨及附件

3.4.1 接触轨宜选用工形或C形截面的钢铝复合材料等低电阻率产品。在同一线路上宜采用同材质的接触轨。

3.4.2 中间接头、电连接板、膨胀接头、中心锚结、端部弯头等附件主材应与接触轨本体材质一致。

3.4.3 紧固件应采取可靠的防松措施。

3.4.4 端部弯头斜率宜符合现行行业标准《中低速磁浮交通供电技术规范》（CJJ/T 256）的有关规定。

3.5 平面布置

3.5.1 接触轨跨距应根据行车速度、支持结构形式、承轨梁等因素综合确定,侧部受流接触轨系统跨距不宜大于3.5m。

条文说明

接触轨跨距主要与行车速度、结构形式、靴轨相互作用有关,并结合靴轨动态仿真研究及实际工程运用情况,跨距适用范围一般为3～3.5m。

3.5.2 侧部受流方式接触轨的受流面应与F轨轨顶面连线垂直,并与F轨中心线保持同等距离。接触轨受流面中垂线应与F轨轨面连线平行。接触轨的安装位置及偏差应符合受电靴与接触轨的受流要求。

3.5.3 接触轨锚段长度宜按公式(3.5.3)计算:

$$L \leqslant \frac{S}{a \Delta T} \tag{3.5.3}$$

式中:L——锚段长度(m);
　　　S——膨胀接头补偿量(m);
　　　a——接触轨膨胀系数(K^{-1});
　　　ΔT——接触轨最高温度与最低温度之差(K)。

3.5.4 接触轨机械分段宜设在道岔、地下车站人防门或防淹门处。

3.5.5 接触轨电分段可采用分段绝缘器方式或断口方式。

3.5.6 接触轨的电分段应设置在下列位置:
1　正线牵引变电所车辆进站端;
2　辅助线与正线的衔接处;
3　车辆段及停车场出入线与正线间;
4　车辆段及停车场各供电分区间;
5　车辆段及停车场各库入口处。

3.5.7 道岔区接触轨布置应根据接触轨的安装位置、道岔形式、车辆时速等因素综合确定,在保证行驶车辆在通过道岔时受电靴平滑通过的条件下,可采用接触轨道岔过渡装置或机械断口形式。断口长度应根据车辆受电靴平面位置确定。

条文说明

本条文中给定的道岔接触轨过渡装置是根据实际运行经验得出的，其中包括长沙磁浮工程和北京 S1 线。

长沙磁浮工程道岔接触轨过渡装置设置如图 3-1 所示。

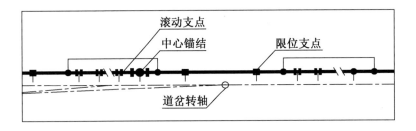

图 3-1 长沙磁浮工程道岔接触轨过渡装置

北京 S1 线道岔接触轨过渡装置设置如图 3-2 所示。

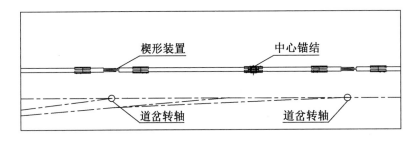

图 3-2 北京 S1 线道岔接触轨过渡装置

3.5.8 接触轨中间接头对接高度偏差不应大于 0.2mm，绝缘支撑与中间接头之间的安装净距应大于锚段的伸缩量。

3.5.9 接触轨膨胀接头伸缩量宜为 200mm。

3.5.10 接触轨中心锚结应设置在承轨梁固定端。

3.6 支撑结构

3.6.1 接触轨支撑结构宜固定在承轨梁预埋件上。

条文说明

接触轨安装以 F 轨滑行面为基准，需要在 3 个方向进行尺寸调节。接触轨支撑结构在承轨梁上安装时所参照的坐标系如图 3-3 所示。

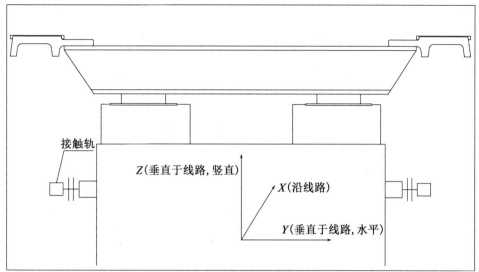

图 3-3　接触轨安装参照坐标系

3.6.2 接触轨支撑结构宜采用绝缘子或整体绝缘支架形式。

3.6.3 接触轨支撑结构应具备 Y 方向调节功能，调节范围宜为 $-30 \sim +30$mm。

3.6.4 接触轨支撑结构应具备仰俯角度调节功能，仰俯角调节范围宜为 $-6.5° \sim +6.5°$。

条文说明

磁浮列车在曲线上超高由 F 轨轨平面倾斜实现，为保证给机车受流，接触轨受流面应与 F 轨轨面处于垂直状态，需要接触轨支撑结构具备仰俯角的调节功能，调节角度不应小于 F 轨超高角度。

接触轨安装仰俯角度如图 3-4 所示。

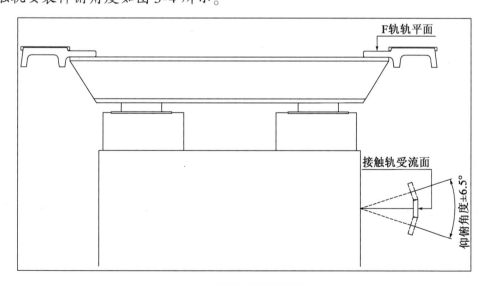

图 3-4　接触轨安装仰俯角度

3.6.5 接触轨安装应符合现行行业标准《中低速磁浮交通供电技术规范》（CJJ/T 256）的有关规定，接触轨安装允许偏差应符合表 3.6.5 的规定。

表 3.6.5 接触轨安装允许偏差

项　目	偏　差
接触轨受流面与 F 轨面的夹角偏差（°）	≤ ±0.9
接触轨支撑点 X 方向偏差（mm）	≤ ±5
接触轨受流面 Y 方向偏差（mm）	≤ ±2
接触轨受流面 Z 方向偏差（mm）	≤ ±2
接触轨受流面坡度变化率（‰）	≤1

条文说明

由于磁浮列车与轨道之间相对位置的变化比轮轨交通大，所以对接触轨安装精度的要求也比轮轨交通高。条文中的接触轨的安装偏差标准参考了近期类似工程的经验及接触轨零部件制造、安装所能控制的精度范围，还需根据更多工程实际经验进行修正。

3.7 材料及防腐

3.7.1 钢铝复合接触轨、膨胀接头、端部弯头的钢带宜采用牌号为 10Cr17 或 06Cr19Ni10 的铁素体或奥氏体不锈钢，其化学成分、机械性能应符合现行国家标准《不锈钢热轧钢板和钢带》（GB/T 4237）的有关规定。

3.7.2 钢铝复合接触轨、膨胀接头、端部弯头的铝轨本体及相关连接件材质应采用牌号为 6101（T6）、6063（T6）的铝合金，其化学成分、机械性能应符合现行国家标准《一般工业用铝及铝合金挤压型材》（GB/T 6892）的有关规定，尺寸偏差应符合现行国家标准《铝及铝合金挤压型材尺寸偏差》（GB/T 14846）的有关规定。

3.7.3 膨胀接头的电连接件宜采用铜或铜合金材质。

3.7.4 绝缘子宜采用瓷、硅橡胶及环氧树脂材料。

3.7.5 接触轨整体绝缘支撑宜采用玻璃纤维增强不饱和聚酯材料。

3.7.6 非金属材料在隧道内应采用低烟、无卤、阻燃材质，在户外应采取防老化措施。

3.7.7 钢制件应采用热浸镀锌进行表面防腐处理，镀层种类、方法、厚度、重量、均匀性应符合现行行业标准《电气化铁路接触网零部件技术条件》（TB/T 2073）的有关规定。碳素钢材质的螺栓、螺母应采用一级镀锌并涂防腐剂。沿海等地区接触轨钢制零部件应采取特殊加强的防腐措施。

3.7.8 接触轨部件安全系数应符合表3.7.8的规定。

表3.7.8 接触轨部件安全系数表

项目		安全系数
复合绝缘子		≥5.0
瓷绝缘子		≥3.0
整体绝缘支架		≥5.0
金属零部件	抗弯	≥3.0
	抗拉	≥3.0

4 施工

4.1 一般规定

4.1.1 接触轨系统应按照已批准的设计文件要求进行施工。设计文件应包括：
1 设计说明书、工程数量表、设备和主要材料数量表。
2 采用的系统图、标准图、通用图。
3 按设计文件组成所列应提供的各类施工图纸。

4.1.2 接触轨工程施工所采用的设备、器材应符合现行的国家现行标准和中国铁建现行技术标准的规定，并有合格证件，未经批准或质量认证的产品不得使用。从国外引进的设备及器材应按产品技术文件或合同中规定的标准执行。

4.1.3 接触轨工程使用的电气设备应选用损耗低、噪声低、防潮、无自爆的定型产品；材料应选用低烟、无卤、阻燃或耐火的定型产品，不应使用国家明令淘汰的产品、技术和工艺。

4.1.4 设备安装所用的金属支撑件、紧固件，均应采用镀锌制品，户外使用的金属紧固件宜用热镀锌制品。

4.1.5 每一段接触轨安装完毕后，应及时检查校验并填写检查表，以确保安装到位、精度达标。

4.1.6 应建立健全质量保证体系和安全管理规章制度，对工程施工质量进行全过程控制管理，每道工序完成后，都应采取相应的检测手段检查施工质量，填写施工日志并形成记录。

4.2 绝缘支撑安装

4.2.1 绝缘支撑安装应符合下列规定：
1 承轨梁上预留滑槽位置及尺寸应符合设计规定，滑槽内部应密实填充，填充材料宜选用环保节能安全的材料。

2 应以 F 轨的滑行面为接触轨安装基准面。
3 绝缘支撑固定完成后，应做好安装记录，准备安装下一组支点。

4.2.2 绝缘支撑在安装前应测试绝缘电阻，抽查数量和试验标准应符合现行国家标准《电气装置安装工程 电气设备交接试验标准》（GB 50150）的有关规定。

4.2.3 绝缘支撑安装应端正，各部件连接应牢固，连接螺栓应使用力矩扳手进行紧固。

4.3 接触轨及附件安装

4.3.1 接触轨装卸作业及堆放应符合下列规定：
1 使用起重机装卸接触轨时应采用长度大于 1/3 轨长的横梁配吊带进行吊运，吊带应采用尼龙等柔性材料，不得使用钢丝绳或钢带。
2 当使用叉车装卸长度大于 6m 的接触轨时，应采取有效措施防止因轨的端部发生摆动而引起损坏。
3 接触轨堆放场地应平整，堆垛应放在支垫物上，支垫物应高度一致，支承点不得少于 4 个，多层叠放时各层支垫物位置应在同一垂直线上，同层支承点应在同一平面上。

4.3.2 接触轨切割、钻孔应符合下列规定：
1 接触轨切割应采用专用锯轨机具，切口应方正平直，倾斜率不应大于 1°。切口平面应打磨平整，切口边缘应去除尖角，清除毛刺。
2 在接触轨上钻孔时应采用配套钻孔模具或套用鱼尾板钻孔，孔位应正确、无歪斜，应去除孔边缘尖角、清除毛刺。

4.3.3 端部弯头装设位置应符合设计要求，端部弯头距梁体的最近距离不应小于设计要求。

4.3.4 接触轨中间接头对接安装应符合下列规定：
1 中间接头与接触轨相连接的接触面应清洁，并应涂抹导电油脂，紧固安装应齐全，并应按设计力矩紧固。
2 接触轨接头处受流面连接应平顺。
3 中间接头端面距相邻绝缘支撑的净距应不小于膨胀接头最大补偿值的二分之一。

4.3.5 膨胀接头的装设位置应符合设计要求，补偿间隙值应按照温度补偿曲线进行预留。

4.3.6 接触轨中心锚结的安装位置应符合设计要求，锚结的安装与膨胀接头的间隙设置应保持对应关系。接触轨应根据现场安装温度及膨胀接头设计间隙值进行固定和锁紧。

条文说明

接触轨安装时按照设计提供的温度补偿曲线准确预留膨胀接头间隙，以保障接触轨因温度变化热胀冷缩而得到正确补偿。在膨胀接头两端的接触轨未及时锚固锁定的情况下，接触轨会产生纵向窜动，导致膨胀接头的补偿间隙值不正确，会危及接触轨供电系统安全和稳定运行，所以规定锚结的安装与膨胀接头的间隙设置保持对应关系，须同步完成。

4.3.7 接触轨安装后顺线路远视直线段应顺直，曲线段应圆顺、无硬弯。接触轨安装位置及其偏差应符合本标准第3.6.5条的规定。

4.3.8 分段绝缘器安装应符合下列规定：
1 分段绝缘器的安装位置应符合设计要求。
2 分段绝缘器受流面应与接触轨受流面平齐，安装偏差不大于0.2mm；接触轨与分段绝缘器接缝间隙不大于1mm。
3 分段绝缘器紧固安装件应齐全，并应按设计力矩紧固。

4.3.9 道岔区接触轨安装应符合下列规定：
1 道岔区接触轨安装应符合设计要求。
2 道岔区接触轨过渡装置斜缝接口对位高度偏差应不大于0.2mm，顺线路方向偏差应不大于3mm；道岔区绝缘支撑装置安装底座焊缝应考虑应力作用，焊接可靠。
3 道岔区接触轨采用的过渡装置应保证受电靴平稳通过。

条文说明

长沙磁浮工程采用C形接触轨，道岔区接触轨支撑分为滚动支点、限位支点及特殊锚固等形式，接触轨在道岔过渡主要通过斜缝断口装置；北京S1线采用工形接触轨，道岔区接触轨支撑与普通接触轨支撑一致，接触轨在道岔过渡主要通过楔形过渡装置。工程中采用不同类型的接触轨产品，道岔部分接触轨安装应根据对应产品安装说明及设计要求进行现场安装。

4.3.10 接触轨安装后，在工作温度范围内的尺寸精度应符合下列规定：
1 中间接头：受流面高差不大于0.2mm，对接缝隙不大于1mm。
2 膨胀接头伸缩缝：受流面高差不大于0.2mm，伸缩缝公差0~2mm。

3 分段绝缘器：受流面高差不大于0.2mm。
4 道岔伸缩缝：受流面高差不大于0.2mm，伸缩缝尺寸与道岔结构匹配。
5 接触轨安装尺寸：Z向 $-2\sim2$mm，Y向 $-2\sim2$mm，扭转角度不大于0.9°。

4.4 电连接安装

4.4.1 电连接安装应符合下列规定：
1 根据接触轨平面布置图确定电连接板安装位置，安装接触轨时应将电连接板预置在接触轨槽口内。
2 电连接板安装时，应将其彻底清洁，接触面均匀涂抹导电脂。

4.4.2 电缆与电连接板的固定应采取铜铝过渡措施。电缆长度应根据设计要求实测确定，与接触轨连接应牢固可靠，连接螺栓应按设计力矩值紧固。电缆敷设应符合现行国家标准《电气装置安装工程 电缆线路施工及验收规范》（GB 50168）的有关规定。

4.5 设备安装

4.5.1 隔离开关安装应符合下列规定：
1 隔离开关的型号、安装位置应符合设计要求，电气性能应符合现行国家标准《电气装置安装工程 电气设备交接试验标准》（GB 50150）的有关规定。
2 安装、调试方法及步骤应符合产品说明书要求，安装尺寸应符合设计规定，安装后应满足限界要求。
3 隔离开关底座应安装水平，同组开关应在同一水平面上安装牢固。
4 隔离开关应分合顺利可靠，分合位置应正确。操动机构的分合闸指示与开关的实际位置应一致。隔离开关机械连锁或电气连锁应准确、可靠。
5 隔离开关各部件连接应紧固无松动，铰接处应动作灵活。
6 隔离开关刀口部分应涂导电油脂，机构的连接轴、转动部分应涂润滑油。
7 隔离开关引线连接应正确牢固，电缆敷设应符合现行国家标准《电气装备安装工程 电缆线路施工及验收规范》（GB 50168）的有关规定。

4.5.2 避雷器安装应符合下列规定：
1 避雷器的型号、安装位置及引线方式应符合设计要求。
2 避雷器支架安装应水平端正、固定牢靠。
3 避雷器引线连接不应使接线端子受到超过允许的外加应力。
4 避雷器接地体的安装方式及接地电阻值应符合设计规定。

4.6 电缆敷设

4.6.1 电缆在运输装卸过程中，不应使电缆及电缆盘受到损伤。电缆盘不应直接由车上推下。电缆盘不应平放运输、平放储存。运输或滚动电缆盘前，应保证电缆盘牢固、电缆绕紧。滚动时应顺着电缆盘上的箭头指示或电缆的缠紧方向。

4.6.2 电缆及其附件进场后应进行检查，并符合下列要求：
1 产品的技术文件应齐全，电缆规格、型号、长度应符合订货要求。电缆外护套不应受损。
2 电缆封端应严密，当外观检查有怀疑时，应进行受潮判断或试验。

4.6.3 电缆及附件采用专用车辆运输时应捆绑牢固。

4.6.4 电缆敷设前应进行检查，并符合下列要求：
1 电缆规格、型号应符合设计规定，电缆外观无损伤，绝缘良好。
2 电缆沟、槽清理干净，电缆管穿墙无堵塞。
3 电缆托架应齐全，固定牢固。

4.6.5 电缆敷设时应排列整齐，净距应符合设计要求，环境温度应满足电缆本身的技术条件。

4.6.6 电缆的固定应符合下列要求：
1 在下列位置应对电缆加以固定：在每个支架上垂直敷设或超过45°倾斜敷设的电缆；桥架上每隔2m处；水平敷设的电缆，在电缆首末两端及转弯、电缆接头的两端处。
2 单芯电缆的固定应符合设计要求。
3 护层有绝缘要求的电缆，在固定处应加绝缘衬垫。

4.6.7 直埋电缆敷设应符合下列要求：
1 电缆表面距地面的距离不应小于0.7m；穿越农田、道路时不应小于1m；在引入建筑物、与地下建筑物交叉及绕过地下建筑物处，可浅埋，并应采取保护措施。
2 电缆应埋设于冻土层以下，当受条件限制时，应采取防止电缆受到损坏的措施。
3 电缆间、电缆与管道、建筑物间的最小净距应符合设计要求。
4 电缆在穿越铁路、公路、排水沟、地下管线时应采取穿管保护。

4.6.8 电缆穿管敷设应符合下列规定：

1 穿入保护管中的电缆数量应符合设计要求。

2 电缆管内径与电缆外径之比不得小于1.5，采用混凝土、陶土、石棉水泥材质电缆管内径不应小于100mm。

3 利用电缆保护钢管作接地线时，接地线应焊接良好；有丝扣的管接头处应用跳线焊接。接地线和跳线的规格应符合设计要求。

4 引至设备的电缆管，其管口位置应便于设备连接及拆装，并列敷设的电缆管管口应排列整齐，露出地面的电缆管管口高度宜为100～300mm。

4.6.9 桥梁上电缆敷设应符合下列要求：

1 桥上使用的电缆槽和支架的规格、型号、质量应符合设计要求和相关产品标准的规定。电缆槽应平直，转弯等过渡组件配合严密，支架和钢制槽防腐层良好。

2 槽内采用铺细纱或自熄性泡沫垫层，其规格应符合设计规定。

3 电缆槽应齐全无破损，槽口接缝应严密，盖板应密封良好。

4 桥墩两端和接缝处的电缆应留有松弛度，松弛部分应有减振措施并固定良好。

5 桥梁两端的电缆应穿钢管保护，出入口及管口处应密封。

4.6.10 电缆头的制作安装应符合以下规定：

1 电缆头规格、型号选用应符合设计规定要求，主要技术性能应符合国家现行标准规定，并应严格按工艺规程操作施工。

2 电缆终端头的安装固定方式、接地电阻以及与相关设备的带电距离应符合设计要求。

3 电缆头接地引线应采用的接地铜绞线或镀锡铜编织线，截面面积应符合表4.6.10的规定。

表4.6.10 电缆头接地引线截面面积

电缆类型（mm²）		接地线截面面积（mm²）
电力电缆	150 及以下	≥25
	120 及以下	≥16
	10 及以下	≥4
控制电缆		≥2.5

4.7 冷滑、热滑试验及送电开通

4.7.1 冷滑宜采用装有受电靴的工程车进行。

4.7.2 冷滑时应按下列规定进行检查，发现的问题应于送电开通前处理完毕：

1 受电靴在接触轨上滑行应平顺。
2 受电靴在弯头处切入及脱离应顺滑、位置正确。
3 沿线设备及线缆安装应牢固，不得侵入设备限界。

4.7.3 冷滑应分两级速度进行，第一级运行速度宜为 5～10km/h；第二级运行速度正线宜为 30～50km/h，场段宜为 20～30km/h。

4.7.4 接触轨系统送电开通前应进行绝缘测试，绝缘测试应完成下列工作：
1 绝缘部件应全部清扫干净，绝缘包扎物应全部清理。
2 接触轨上所有临时接地线均应拆除。
3 隔离开关的分合闸位置应正确。
4 线路应巡视完毕，无异常情况。
5 应对每个供电臂逐一进行绝缘测试，绝缘电阻值宜大于 1.5MΩ/km。

4.7.5 接触轨系统送电前应完成下列工作：
1 在工程验收及冷滑中发现的影响送电的各项缺陷应处理完毕。
2 所有临时保护接地线应全部拆除。
3 各种警示标志应安装齐全。
4 应张贴送电通告，进入线路的所有通道应封锁。
5 隔离开关分合闸位置应正确，回流系统应可靠接通。
6 应有经批准的送电开通方案。
7 绝缘测试结果应符合送电要求。

4.7.6 接触轨供电系统送电时应分别按供电臂进行试送电，在供电臂末端应采用直流验电器验电，各供电臂始末端应确保有电。

4.7.7 热滑试验宜为三次，第一次试验速度为 20～40km/h，第二次试验速度为 40～60km/h，第三次试验速度为最高时速。

4.7.8 热滑应包含靴轨接触力、位移、加速度、视频等动态检测项目。

条文说明

靴轨动态接触力是衡量接触轨安装质量及靴轨受流质量的重要指标，宜在热滑列车上安装相应的检测设备进行动态接触压力检测，并进行评价。如在磁浮列车上安装检测设备有困难，则可在冷滑阶段进行靴轨动态接触力检测，但需满足受电靴与磁浮列车一致的要求。

4.7.9 热滑过程中接触轨在受流面上滑行应平顺,无碰靴、刮靴现象。对靴轨动态接触压力性能、位移、加速度异常及火花的位置做好记录,热滑试验后进行检查处理。

4.7.10 靴轨动态接触压力性能应符合本标准表 3.1.7 的规定。

5 施工质量验收

5.1 一般规定

5.1.1 接触轨系统施工质量验收应符合现行国家标准《建筑工程施工质量验收统一标准》（GB 50300）的有关规定。

5.1.2 接触轨系统宜按牵引供电系统工程的分部工程进行验收，检验项目划分可按本标准附录 A 的规定采用。

5.1.3 施工单位应具有相应的资质、健全的质量管理体系和检验制度。

5.1.4 接触轨的安装应与 F 轨悬浮面的空间曲面相对位置协调一致。

5.1.5 设备、器材安装前应进行外观检查，并符合下列规定：
1 轨条应无变形和锈蚀。
2 钢制底座的镀锌层应均匀。
3 绝缘子金属件与绝缘部分的胶装部位，不得开裂或松动；绝缘件表面应光洁，无裂纹、斑点、烧伤和气泡等缺陷。
4 铸铁件表面应光洁，无裂纹、结疤等缺陷。
5 开关柜的漆面应完整、无损伤，柜内电器的规格应符合设计规定并固定牢固。

5.1.6 接触轨系统设备、零部件的试验应符合产品订货技术条件和设计文件要求。

5.2 绝缘支撑装置

主 控 项 目

5.2.1 绝缘支撑及连接零配件进场时，应对其规格、型号、外观进行检查，其质量应符合设计要求和产品技术标准规定。

检验数量：施工单位、监理单位全部检查。

检验方法：检查产品合格证、质量证明文件和进行外观检查。

5.2.2 绝缘支撑的电气性能、机械性能应符合设计要求。

检验数量：施工单位、监理单位全部检查质量证明文件、试验报告；施工单位按每批次数量的10%测量绝缘电阻，监理单位见证检验。

检验方法：查阅出厂合格证和试验报告，目测、绝缘电阻测试。

5.2.3 绝缘支撑与预埋滑槽连接应牢固，预埋槽道与绝缘支持装置底座间应无杂物；螺栓紧固力矩应符合产品说明书要求。

检验数量：施工单位全部检查，监理单位按施工单位检验数量的10%平行检验或20%见证检验。

检验方法：观察检查、尺量检查、用力矩扳手检查。

5.2.4 绝缘支撑间距应符合设计文件要求。

检验数量：施工单位全部检查，监理单位按施工单位检验数量的10%平行检验或20%见证检验。

检验方法：观察检查、尺量检查。

5.3 接触轨及附件

主 控 项 目

5.3.1 接触轨及附件运达现场应进行检查，质量应符合设计规定和产品技术条件要求。

检验数量：施工单位、监理单位全部检查产品合格证、质量证明文件，施工单位全部、监理单位20%进行外观检查。

检验方法：检查产品合格证、质量证明文件、检测试验报告和进行外观检查。

5.3.2 接触轨及其附件在第一批出厂时，应组织出厂试验，试验项目应与产品技术要求项目相对应。

5.3.3 锚段长度应符合设计文件要求。

检验数量：施工单位、监理单位全部检查。

检验方法：对照设计文件检查，观察检查、尺量检查。

5.3.4 端部弯头的安装应符合下列规定：
1 端部弯头的安装位置应符合设计要求。
2 端部弯头的折弯坡度应符合设计要求。
3 端部弯头在绝缘支架处应伸缩自由，预留伸缩范围应符合设计要求。

检验数量：施工单位全部检查，监理单位按施工单位检验数量的10%平行检验或20%见证检验。

检验方法：观察检查、尺量检查。

5.3.5 中间接头的安装应符合下列规定：

1 中间接头与接触轨相连接的接触面均应清洁，并应涂抹导电油脂；中间接头与接触轨轨腹连接密贴，紧固件安装齐全，螺栓紧固力矩符合产品说明书要求。

2 接触轨接头处受流面连接应平顺。

3 中间接头端面距相邻绝缘支架的距离应符合设计要求，最小距离不小于锚段伸缩量。

检验数量：施工单位全部检查，监理单位按施工单位检验数量的10%平行检验或20%见证检验。

检验方法：观察检查、尺量检查、力矩扳手测量检查。

5.3.6 膨胀接头的安装应符合下列规定：

1 膨胀接头的安装位置应符合设计文件要求。

2 膨胀接头的安装间隙应按设计要求预留，预留值应符合设计要求。

检验数量：施工单位全部检查，监理单位按施工单位检验数量的10%平行检验或20%见证检验。

检验方法：观察检查、尺量检查。

5.3.7 中心锚结的安装应符合下列规定：

1 中心锚结的安装位置应符合设计要求。

2 中心锚结的安装应与膨胀接头的间隙设置保持对应关系。

3 中心锚结的固定应符合设计要求。

检验数量：施工单位全部检查，监理单位按施工单位检验数量的10%平行检验或20%见证检验。

检验方法：观察检查、尺量检查。

5.3.8 接触轨敷设直线段应顺直，曲线段应圆顺，无硬弯。安装允许偏差应符合本标准第3.6.5条的规定。

检验数量：施工单位全部检查；监理单位按施工单位检验数量的10%平行检验或20%见证检验，曲线段控制点全部检查。

检验方法：观察检查、尺量检查。

5.4 电连接

主 控 项 目

5.4.1 电缆、电连接板运达现场应对其规格、型号、电压等级、材质、数量、外观进行检查，其质量应符合设计文件和产品技术条件要求。

检验数量：施工单位、监理单位全部检查产品合格证、质量证明文件，施工单位全部、监理单位20%进行外观检查。

检验方法：检查产品合格证、质量证明文件和进行外观检查。

5.4.2 电缆的敷设路径、连接接触轨的位置及连接方式应符合设计要求，在接触轨断口处设置电连接，电缆连接处一般距端部弯头翘起端不小于端部弯头总长度。电缆应布线美观，安装稳固，外观无损伤。

检验数量：施工单位、监理单位全部检查。

检验方法：观察检查、尺量检查。

一 般 项 目

5.4.3 电连接的安装应符合下列要求：

1 电连接板的设置及其至相邻绝缘支架的距离应符合设计要求。
2 电缆在电连接板上固定时应按设计要求采取铜铝过渡措施，应用专用工具剥制，软电缆绝缘层剥开长度应符合设计要求。
3 电缆在电连接板上安装时应预留因温度变化而产生的位移长度。
4 电连接所有安装接触面均应清洁，涂抹导电油脂。
5 电连接与接触轨连接牢固可靠，电缆排列整齐、固定牢固，标志牌字迹清晰、挂装牢靠。
6 电缆穿越人防门、防淹门时，应按设计要求固定在隧道侧壁上。

检验数量：施工单位全部检查。

检验方法：观察检查、尺量检查。

5.5 设备

Ⅰ 隔离开关柜

主 控 项 目

5.5.1 隔离开关柜运达现场应进行检查，其质量应符合设计规定和产品技术条件要求。

检验数量：施工单位、监理单位全部检查质量证明书，施工单位全部、监理单位20%进行外观检查。

检验方法：检查质量证明书和进行外观检查。

5.5.2 隔离开关柜的型号、安装位置及各部件安装尺寸应符合设计要求。

检验数量：施工单位全部检查，监理单位按施工单位检验数量的 10% 平行检验或 20% 见证检验。

检验方法：观察检查、尺量检查。

5.5.3 隔离开关柜绝缘性能应符合设计要求。电动隔离开关柜的电源和控制回路接线正确，在允许电压波动范围内能正确、可靠动作。隔离开关柜机械联锁和电气联锁应正确可靠。机构的分、合闸指示与开关的实际状态一致。

检验数量：施工单位全部检查，监理单位按施工单位检验数量的 10% 平行检验或 20% 见证检验。

检验方法：观察检查、电气交接试验。

5.5.4 操作机构传动操作应轻便灵活，隔离开关应分、合顺利可靠，分、合位置正确，触头接触良好。

检验数量：施工单位全部检查，监理单位按施工单位检验数量的 10% 平行检验或 20% 见证检验。

检验方法：观察检查、操作检查。

5.5.5 隔离开关安装后，在任何情况下带电体对地的最小净距均应满足带电距离要求。

检验数量：施工单位全部检查。

检验方法：观察检查、尺量检查。

一 般 项 目

5.5.6 开关底座安装应水平、牢固。并列三联隔离开关柜的底座应在同一垂直高度上安装水平、牢固。隔离开关柜与底座连接应牢固。

检验数量：施工单位全部检查。

检验方法：观察检查、尺量检查。

5.5.7 隔离开关柜引线连接正确牢固，布线规整。

检验数量：施工单位全部检查。

检验方法：观察检查。

Ⅱ 避雷器

主 控 项 目

5.5.8 避雷器运达现场应进行检查，其质量应符合设计规定和产品技术条件要求。

检验数量：施工单位、监理单位全部检查质量证明书，施工单位全部、监理单位 20% 进行外观检查。

检验方法：检查质量证明书和进行外观检查。

5.5.9 避雷器安装位置、规格、型号、引线方式应符合设计要求，引线连接正确牢固，并预留因温度影响的变化长度。

检验数量：施工单位全部检查，监理单位按施工单位检验数量的10%平行检验或20%见证检验。

检验方法：观察检查、尺量检查。

5.5.10 避雷器的冲击接地电阻值不应大于10Ω。

检验数量：施工单位全部检查，监理单位全部见证检验。

检验方法：观察检查、测量检查。

一 般 项 目

5.5.11 避雷器安装应竖直，支架水平，连接牢固可靠。

检验数量：施工单位全部检查。

检验方法：观察检查、尺量检查。

5.6 电缆

主 控 项 目

5.6.1 线材、设备运达现场应进行检查，其质量应符合设计规定和产品技术条件要求。

检验数量：施工单位、监理单位全部检查质量证明书，施工单位全部、监理单位20%进行外观检查。

检验方法：检查质量证明书和进行外观检查。

5.6.2 各种型号电缆在第一批电缆出厂时，应组织第三方试验，试验项目应与产品技术要求项目相对应。

5.7 冷滑、热滑试验及送电开通

主 控 项 目

5.7.1 冷滑应在线路限界检查后进行。冷滑时，受电靴在接触轨受流面上滑行应平顺，无碰靴、刮靴现象。

检验数量：全部检查。

检验方法：采用冷滑车检查。

5.7.2 开通区段接触轨系统应绝缘良好，冷滑检查时发现影响送电的接触轨各项缺陷已克服完毕；接触轨系统送电后，各供电臂始、末端应确保有电。

检验数量：施工单位、监理单位全部检查各供电臂。
检验方法：用2500V或1000V兆欧表测试，用直流验电器验电。

5.7.3 热滑试验宜为三次，第一次试验速度为20～40km/h，第二次试验速度为40～60km/h，第三次试验速度为最高时速。
检验数量：施工单位、监理单位全部检查。
检验方法：观察检查、热滑采用检测车辆进行热滑试验。

5.7.4 热滑应包含靴轨接触力、位移、加速度、视频等动态检测项目。
检验数量：施工单位、监理单位全部检查。
检验方法：观察检查、热滑采用检测车辆和靴轨动态检测系统进行热滑试验。

5.7.5 热滑过程中接触轨在受流面上滑行应平顺，无碰靴、刮靴现象。对靴轨动态接触压力性能、位移、加速度异常及火花的位置做好记录，热滑试验后进行检查处理。
检验数量：施工单位、监理单位全部检查。
检验方法：观察检查、热滑采用检测车辆进行热滑试验。

6 维修

6.1 一般规定

6.1.1 接触轨宜采用自动化检测和机械化维修。

6.1.2 接触轨的检修维护工作，应做好检修维护记录。

6.2 日常维护

6.2.1 接触轨应定期进行日常维护。日常维护包括巡视、专项检查、检测和绝缘部件清扫。

6.2.2 对接触轨外观及取流情况检查应进行巡视，并应符合下列规定：
  1 每月不宜少于 2 次检修车巡视。巡视应观察接触轨系统及其紧固件的状态。
  2 当遇有大风、大雨、大雪、大雾等恶劣天气时，应适当地增加巡视次数。
  3 对巡视检查中发现的危及安全的缺陷，应立即进行处理；对一般性缺陷，应纳入检修计划。巡视检查发现的缺陷及处理情况应有专门的记录。

6.2.3 在接触轨系统发生故障，或发生影响接触轨的故障，或在自然灾害出现后，应对相应接触轨的状态变化、损伤、损坏情况进行专项检查。

6.2.4 接触轨检测应包括静态检测和动态检测两部分。

6.2.5 接触轨静态检测的周期和项目应符合下列规定：
  1 接触轨工作高度、接触轨偏移值的检测周期不宜大于 12 个月。
  2 膨胀接头补偿间隙的检测周期不宜大于 6 个月或按产品说明书要求操作。
  3 接地电阻的检测周期不宜大于 5 年。
  4 磨耗测量的检测周期，磨耗严重点测量应为 3 个月，全面测量不宜大于 3 年。

6.2.6 接触轨动态检测，检测周期宜为 6 个月，主要包括下列项目：
  1 接触轨在 Y 和 Z 方向允许偏差。

 2 硬点冲击力。
 3 接触压力。

6.2.7 绝缘部件清扫周期不宜大于 12 个月；沿海及污秽较严重的区段，清扫周期不宜大于 6 个月。

6.3 检修

6.3.1 接触轨的检修应符合下列规定：
 1 检修周期不宜大于 12 个月。
 2 检修应包括下列主要内容：
 1）接触轨本体情况。
 2）接触轨高度。
 3）受流面平行情况。
 4）接触轨沿线路的形状。
 5）接触轨周围情况。
 3 检修的技术状态应符合下列要求：
 1）接触轨本体表面宜洁净，应无裂纹、破损、异常腐蚀和异常变形等现象。
 2）接触轨受流面表面应平整、顺滑，磨耗均匀，磨耗程度不得大于产品说明书要求。
 3）接触轨直线段应平直，曲线段应平顺、无硬弯。
 4）接触轨附近应无易燃物，无侵限及阻碍受电靴运行的异物，带电部分与接地体之间的最小净距应符合本标准第 3.3.3 条的规定。

6.3.2 中间接头的检修应符合下列规定：
 1 检修周期不宜大于 12 个月。
 2 检修应包括下列主要内容：
 1）检查中间接头本体情况。
 2）检查中间接头连接、接触情况。
 3）检查中间接头处接触轨等部件的受流面过渡情况。
 4）对需涂油防腐的紧固部件应进行涂油。
 3 检修的技术状态应满足下列要求：
 1）中间接头的材质、规格应符合设计规定，表面宜洁净，应无烧伤、发热变色及异常腐蚀等现象。
 2）中间接头与所连接的接触轨等部件应安装密贴，机械连接和电气连接应良好。
 3）中间接头所连接的接触轨、端部弯头、膨胀接头等部件对接应端正，接缝应密贴，受流面应过渡平滑，不得出现台阶。

4）紧固部件应齐全、完好，无变形，防腐、防松、紧固力矩应符合设计要求。
5）中间接头的位置距相邻绝缘支撑的距离应符合设计要求，不得出现卡滞现象。
6）中间接头带电部分与接地体之间的最小净距应符合本标准第3.3.3条的规定。

6.3.3 端部弯头的检修应符合下列规定：
1 检修周期不宜大于6个月。
2 检修应包括下列主要内容：
1）检查端部弯头本体烧伤、撞伤和变形等情况。
2）测量接触轨工作高度、接触轨偏移值。
3 检修的技术状态应满足下列要求：
1）端部弯头本体表面宜洁净，应无裂纹、异常腐蚀和异常变形等现象。
2）端部弯头受流面应过渡平滑，磨耗均匀，磨耗及烧损程度不得大于产品说明书要求。
3）端部弯头的绝缘支撑安装位置应符合设计要求，端部弯头应能自由伸缩，不应与绝缘支撑产生卡滞。
4）端部弯头的接触轨工作高度、接触轨偏移值应符合设计要求，允许偏差应符合设计要求。
5）端部弯头的折弯坡度应符合设计要求。
6）端部弯头附近应无易燃物，无侵限及阻碍受电靴运行的异物，带电部分与接地体之间的最小净距应符合本标准第3.3.3条的规定。

6.3.4 膨胀接头的检修应符合下列规定：
1 检修周期不宜大于12个月，并应符合产品说明书的要求。
2 检修应包括下列主要内容：
1）膨胀接头各部件情况。
2）检查膨胀接头电气连接情况。
3）检查膨胀接头受流面情况。
4）测量检查膨胀接头补偿间隙值。
5）检查膨胀接头润滑情况，对需要润滑的部位进行润滑。
6）对膨胀接头需涂油防腐的螺栓、螺母涂油。
7）检查膨胀接头周围情况。
3 检修的技术状态应满足下列要求：
1）膨胀接头表面宜洁净，部件应齐全、完好，无变形、异常腐蚀、发热变色等现象。
2）紧固部件的防腐、防松、紧固力矩应符合产品说明书要求。
3）膨胀接头在温度变化时应能伸缩自如，无卡滞现象，电气连接应连接良好。
4）膨胀接头受流面表面应平整、顺滑、磨耗均匀、无偏磨，磨耗程度不得大于产品说明书要求，受流面之间应过渡平滑，无刮碰受电靴现象。

5）膨胀接头补偿间隙应符合安装曲线要求，允许偏差应符合设计要求。

6）膨胀接头润滑情况应符合产品说明书要求。

7）膨胀接头宜居中安装，距两端绝缘支撑的距离应符合设计要求。

8）膨胀接头附近应无易燃物，无侵限及阻碍受电靴运行的异物，带电部分与接地体之间的最小净距应符合本标准第3.3.3条的规定。

6.3.5 绝缘支撑的检修应符合下列规定：

1 检修周期不宜大于12个月。

2 检修应包括下列主要内容：

1）检查支撑底座及紧固螺栓情况。

2）检查绝缘支撑各部件及紧固情况。

3）对需涂油防腐的螺栓、螺母涂油。

3 检修的技术状态应满足下列要求：

1）支撑底座、螺栓应部件齐全、完好，安装端正、稳固，无锈蚀。

2）绝缘支撑应部件齐全、完好，安装平整、端正、稳固。

3）紧固部件的防腐、防松、紧固力矩应符合设计要求。

4）绝缘支撑应绝缘良好，表面无异物，应无异常变色、异常老化、表层剥落、裂纹、破损等现象。

5）绝缘支撑安装形式应符合设计要求，受力均衡、适度，无明显变形、歪斜。绝缘支撑的安装满足钢铝复合轨顺线路方向顺畅滑动的要求。

6.3.6 中心锚结的检修应符合下列规定：

1 检修周期不宜大于12个月。

2 检修应包括下列主要内容：

1）检查中心锚结部件及其紧固情况，对需要涂油防腐的螺栓、螺母应进行涂油处理。

2）检查中心锚结的受力情况。

3）检查中心锚结的周围情况。

3 检修的技术状态应满足下列要求：

1）中心锚结安装形式及材料应符合设计要求，安装位置应符合设计要求。

2）中心锚结的部件应齐全、完好，无锈蚀，安装应牢固可靠。

3）紧固部件的防腐、防松、紧固力矩应符合设计要求。

4）中心锚结两端受力应均衡、适度，接触轨及绝缘支撑应无明显变形。

5）带电部分与接地体之间的最小净距应符合本标准第3.3.3条的规定，且不应侵入限界。

6.3.7 电连接的检修应符合下列规定：

1 检修周期不宜大于 12 个月。

2 检修应包括下列主要内容：

1）检查电连接的规格、数量、接线和外观情况。

2）检查电连接的连接、接触情况，对需涂油防腐的紧固部件进行涂油处理。

3）检查电连接布置、固定情况。

3 检修的技术状态应符合下列要求：

1）电连接的规格、数量、接线及安装位置应符合设计要求，无缺失、损坏和腐蚀等异常情况。

2）电缆应绝缘良好，无尖锐物体、重物挤压，无损伤、老化龟裂、过热变色和虫鼠害等异常现象，弯曲半径应符合设计要求。

3）电缆接线端子应压接良好，电缆与接线端子连接部位应采用绝缘热缩管套封；电缆在电缆接线板上固定时应采取铜铝过渡措施。

4）电连接、电连接接线板及接触轨之间应安装密贴、连接牢固可靠，电气接触良好，紧固部件的防腐、防松、紧固力矩应符合设计要求。

5）电连接应接在接触轨的外侧，不得刮碰受电靴。

6）电连接应固定可靠，布置规整，布线应符合设计要求。

6.3.8 隔离开关的检修应符合下列规定：

1 检修周期宜为 6 个月。

2 检修的技术状态应满足下列要求：

1）隔离开关应动作可靠、转动灵活，合闸时触头应接触良好，引线和连接线的截面应与开关的额定电流及所连接的接触轨的额定载流量相匹配，引线不得有接头。

2）隔离开关的触头接触面应平整、光洁，无损伤，并应涂以导电油脂。

3）隔离开关的分闸角度及合闸状态应符合产品的技术要求。

4）隔离开关操作机构应完好无损并加锁，转动部分应注润滑油，操作时应平稳、正确，无卡滞和冲击。

5）引线及连接线应连接牢固、接触良好，无破损和烧伤。引线距接地体的距离不应小于 150mm。引线摆动到极限位置时与接地体的距离应符合规定。

6）支撑绝缘子应清洁，无破损和放电痕迹。

7）新安装的隔离开关在投入运行前应做直流耐压试验，运行中每年应测量一次绝缘电阻，绝缘电阻值应符合产品的技术要求。

6.3.9 避雷器的检修应符合下列规定：

1 避雷器应安装牢固、无损伤，瓷套无严重放电，动作计数器、脱离器状态良好。

2 避雷器的接地电阻值应符合设计要求。

3 避雷器的高压侧引线与接地体之间的距离大于 150mm。

4 避雷器的检修、试验应按产品说明书的规定进行。

6.4 大修

6.4.1 接触轨大修应符合下列要求：
1 接触轨的大修周期宜为 50~60 年。
2 钢铝复合接触轨的不锈钢带厚度小于 1mm 或其状态不满足运行安全时应进行更换。

6.4.2 绝缘支撑大修应满足下列要求：
1 绝缘支撑的大修周期应根据绝缘子状态评估结果确定，但最长不宜超过 15 年。
2 绝缘支撑的电气、机械和材质等主要性能指标不满足设计要求时应进行更换。
3 绝缘支撑的状态不满足运行安全时应更换。

附录 A 单位工程、分部工程、分项工程、检验批划分和检验项目

A.0.1 单位工程、分部工程、分项工程、检验批划分和检验项目应符合表 A.0.1 的规定。

表 A.0.1 单位工程、分部工程、分项工程、检验批划分和检验项目

单位工程	分部工程	分项工程	检验批量	检验批检验项目条文号	
				主控项目	一般项目
牵引供电工程	接触轨供电系统	绝缘支撑装置	一站一区间、车场线	5.2.1~5.2.4	—
		接触轨及附件	一站一区间、车场线	5.3.1~5.3.8	—
		电连接	一站一区间、车场线	5.4.1、5.4.2	5.4.3
		隔离开关	一牵引供电区间	5.5.1~5.5.5	5.5.6、5.5.7
		避雷器	一站一区间、车场线	5.5.8~5.5.10	5.5.11
		电缆	一站一区间、车场线	5.6.1、5.6.2	—
		冷滑及送电开通	全部	5.7.1~5.7.5	—

本标准用词说明

1 为便于在执行本标准条文时区别对待,对要求严格程度不同的用词说明如下:
1)表示很严格,非这样做不可的:
正面词采用"必须",反面词采用"严禁"。
2)表示严格,在正常情况下均应这样做的:
正面词采用"应",反面词采用"不应"或"不得"。
3)表示允许稍有选择,在条件许可时首先应这样做的:
正面词采用"宜",反面词采用"不宜"。
4)表示有选择,在一定条件下可以这样做的,采用"可"。

2 条文中指明应按其他有关标准执行的写法为"可按……执行"或"应符合……的规定"或"应按……执行"。

引用标准名录

1 《建筑结构荷载规范》（GB 50009）
2 《电气装置安装工程 电气设备交接试验标准》（GB 50150）
3 《地铁设计规范》（GB 50157）
4 《电气装备安装工程 电缆线路施工及验收规范》（GB 50168）
5 《城市轨道交通技术规范》（GB 50490）
6 《不锈钢热轧钢板和钢带》（GB/T 4237）
7 《一般工业用铝及铝合金挤压型材》（GB/T 6892）
8 《铝及铝合金挤压型材尺寸偏差》（GB/T 14846）
9 《中低速磁浮交通供电技术规范》（CJJ/T 256）
10 《中低速磁浮交通设计规范》（CJJ/T 262）
11 《铁路电力牵引供电设计规范》（TB 10009）
12 《铁路电力牵引供电隧道内接触网设计规范》（TB 10075）
13 《电气化铁路接触网零部件技术条件》（TB/T 2073）

涉及专利和专有技术名录

[1] 中铁第四勘察设计院集团有限公司．一种适用于磁悬浮工程的供电轨支撑组件：中国，2015 2 0697389. X［P］.2016-01-06.

[2] 中铁第四勘察设计院集团有限公司．一种适用于磁悬浮工程的接地轨系统：中国，2015 2 0696801. 6［P］.2016-01-13.

[3] 中铁第四勘察设计院集团有限公司．一种磁悬浮工程侧部受流接触轨系统：中国，2015 2 1081632. 1［P］.2016-05-25.

[4] 中铁第四勘察设计院集团有限公司．一种磁悬浮工程接触轨预埋槽道：中国，2015 2 1089190. 5［P］.2016-05-25.

[5] 中铁第四勘察设计院集团有限公司．一种磁悬浮交通工程轨道支撑结构：中国，2015 2 1075318. 2［P］.2016-08-10.

[6] 中铁第四勘察设计院集团有限公司．一种接触轨U型中间接头连接螺栓：中国，2016 2 0248399. X［P］.2016-08-17.

[7] 中铁第四勘察设计院集团有限公司．一种磁悬浮直流电缆用固定卡：中国，2015 2 1074694. X［P］.2016-12-22.

本文件的发布机构提请注意，声明符合本文件时，可能涉及相关专利的使用。

本文件的发布机构对于该专利的真实性、有效性和范围无任何立场。

该专利持有人已向本文件的发布机构保证，他愿意同任何申请人在合理且无歧视的条款和条件下，就专利授权许可进行谈判。该专利持有人的声明已在本文件的发布机构备案。相关信息可通过以下联系方式获得：

专利持有人姓名：中铁第四勘察设计院集团有限公司

地址：湖北省武汉市武昌区和平大道745号

请注意除上述专利外，本文件的某些内容仍可能涉及专利。本文件的发布机构不承担识别这些专利的责任。